Los ciclos de la Tierra

Wendy Conklin, M.A.

Asesora

Jill Tobin
Semifinalista
Maestro del año de California
Burbank Unified School District

Créditos de publicación

Rachelle Cracchiolo, M.S.Ed., *Editora comercial*
Conni Medina, M.A.Ed., *Gerente editorial*
Diana Kenney, M.A.Ed., NBCT, *Editora principal*
Dona Herweck Rice, *Realizadora de la serie*
Robin Erickson, *Diseñadora de multimedia*
Timothy Bradley, *Ilustrador*

Créditos de las imágenes: Portada, pág.1 Anton Balazh/Big Stock; pág.12 D.P. Wilson/FLPA / Science Source; págs.4, 6, 7, 9, 10, 11, 14, 16, 19, 22, 25, 27, 32 iStock; págs.28, 29 Janelle Bell-Martin; págs.25 NASA; pág.17 Steve Gschmeissner / Science Source; págs.5, 9, 16, 19, 22 Timothy J. Bradley; pág.31 Wayne Lawler/ UIG / Science Source; las demás imágenes cortesía de Shutterstock.

Teacher Created Materials
5301 Oceanus Drive
Huntington Beach, CA 92649-1030
http://www.tcmpub.com
ISBN 978-1-4258-4701-2

Contenido

Los ciclos hacen girar la Tierra

La Tierra está en constante movimiento. ¿Puedes sentirlo? Gran parte de este movimiento ocurre tan lentamente que no puedes detectarlo.

Un ciclo es un conjunto de patrones que ocurren una y otra vez. El agua, las estaciones y las rocas viajan a través de los ciclos. Estos ciclos son partes de un sistema. La Tierra tiene muchos sistemas. Un sistema es la **atmósfera**. Esta incluye los gases que forman el aire a nuestro alrededor. Otro sistema es la **hidrósfera**. Este sistema incluye toda el agua de la Tierra. Todos los seres vivos pertenecen a la **biósfera**. Y las rocas y el suelo pertenecen a la **geósfera**. Estos sistemas conectan los ciclos de la Tierra entre sí. Y por eso, muchos de los ciclos interactúan. Por ejemplo, los patrones del viento afectan directamente los ciclos oceánicos. El ciclo del carbono afecta el clima. Una y otra vez lo hacen.

ciclos oceánicos

Los ciclos oceánicos en la hidrósfera afectan el movimiento y la **erosión** de las rocas y el suelo en la geósfera.

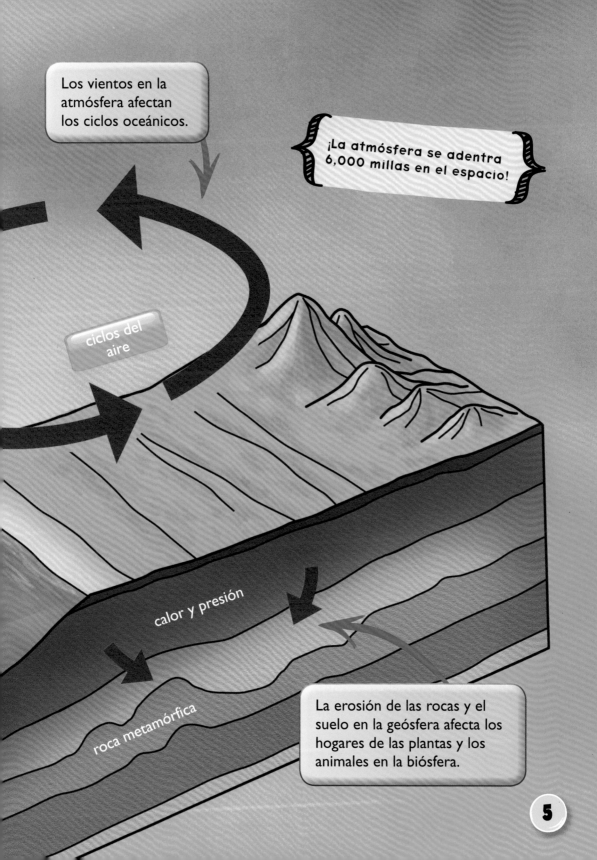

Los ciclos de la Madre Naturaleza

Dependemos de ciclos que nos ayuden a crecer y a prosperar todos los días de cada año. Las personas no son las únicas afectadas por los ciclos. Las plantas, los animales e incluso el planeta en sí se ven afectados por los ciclos de la naturaleza.

Estaciones

Según donde vivas, experimentas las estaciones de la Tierra hasta determinado punto. Puedes tener estaciones húmedas y secas si vives cerca del **ecuador**. Es posible que tengas cuatro estaciones: la primavera, el verano, el otoño y el invierno. Sin importar qué estaciones haya donde vives, puedes contar con las mismas estaciones todos los años. Se debe a que las estaciones ocurren en un ciclo.

Las estaciones cambian con la **traslación** de la Tierra alrededor del Sol. La Tierra tarda un año en completar su vuelta. No importa tanto lo lejos que esté la Tierra del Sol porque la distancia desde el Sol no afecta las estaciones. Lo que las afecta es la inclinación de la Tierra. El área de la Tierra inclinada hacia el Sol recibe más directamente los rayos de luz solar. En esta parte del mundo es el verano. En la parte de la Tierra que se inclina más lejos del Sol es el invierno. Las estaciones se ven afectadas por el ángulo de los rayos del Sol.

estaciones en el hemisferio norte

invierno

primavera

verano

otoño

Agua

Durante algunas estaciones, determinadas áreas pueden inundarse o tener una sequía. Pero, ¿sabías que la cantidad de agua en la Tierra nunca cambia? El agua del cielo, los océanos y el suelo se recicla.

¡El agua parece estar en todas partes! Se acumula en los océanos, los ríos y otros lugares. Cuando el calor del sol convierte esta agua en vapor, o gas, se evapora. El vapor de agua sube al cielo y en algún momento comienza a enfriarse. Cuando se enfría, el vapor de agua se convierte nuevamente en líquido y forma nubes; se **condensa**. Cae a la tierra como nieve, granizo, lluvia o aguanieve. Esto se denomina *precipitación*.

El agua se convierte en vapor de otras formas. Los animales ingieren agua cuando beben. También pierden agua cuando exhalan. Esto es parte de la respiración. Las plantas absorben agua por las raíces. El vapor se libera a través de sus hojas. Este proceso se denomina *transpiración*. La **combustión** se produce cuando los automóviles queman combustible. Durante este proceso, se libera vapor de agua en el aire. Y el ciclo del agua continúa una y otra vez, con la misma agua.

El agua subterránea más antigua se denomina *agua fósil*.

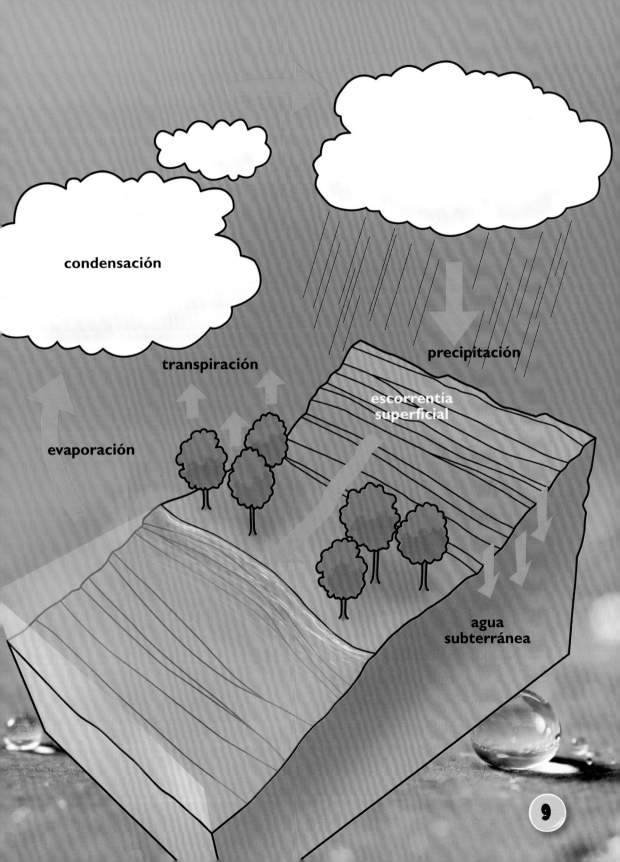

condensación

transpiración

precipitación

escorrentía
superficial

evaporación

agua
subterránea

magma

fusión

fusión

Rocas

Las rocas están en constante movimiento.
Continuamente se forman, se rompen y se reciclan. Pero
estos cambios pueden tardar millones de años. ¡Piensa
en cuánto tiempo tardaría una montaña en convertirse en
arena! Este es solamente un ejemplo de cómo cambian las
rocas. Para que las rocas cambien, se necesita calor, presión,
desgaste y erosión. Este conjunto de cambios se conoce
como el *ciclo de la roca*.

calor y presión

Minerales

Las rocas contienen minerales como
hierro y calcio. Cuando las rocas se
rompen, liberan minerales. Los seres
vivos usan estos minerales para crecer.

desgaste y erosión

roca
metamórfica

roca
ígnea

Podemos ver en cualquier parte del ciclo de la roca cómo las rocas cambian. El magma líquido caliente sale a través de la corteza de la Tierra. Generalmente lo vemos como la erupción de un volcán. El tipo de roca que se forma en la montaña cuando la lava se enfría se denomina *roca ígnea*. Con el tiempo, el viento y la lluvia erosionan la roca, la dividen en rocas más pequeñas, o sedimento. A estos diminutos sedimentos se los llevan los ríos y acaban en los lechos. Con el tiempo, se agregan más capas, una encima de la otra. Se aplica presión a estas capas de sedimentos, y se crea una nueva forma de roca. Se denomina *roca sedimentaria*. La Tierra tiene **placas tectónicas** que se mueven y entierran la roca debajo del suelo. La presión calienta las rocas. Ese calor cuece un nuevo tipo de roca: la roca metamórfica. Este tipo de roca se forma debajo de la corteza de la Tierra. Si el magma alcanza la roca, esta se fundirá. Entonces, el ciclo volverá a comenzar porque la roca fundida forma roca ígnea. El ciclo continúa una y otra vez, y no termina nunca.

desgaste y erosión

sedimentos

presión

roca
sedimentaria

calor y presión

Oxígeno

El ciclo del oxígeno es el movimiento del oxígeno en la Tierra. Puedes encontrar oxígeno en el agua, el aire, los seres vivos y el suelo. ¡Las rocas también almacenan oxígeno! De hecho, la mayor parte del oxígeno de la Tierra se almacena en las rocas. El oxígeno compone aproximadamente la mitad del peso de una roca. Y permanece allí durante millones de años. Cuando la roca se rompe, el oxígeno se libera.

Las personas y los animales inhalan oxígeno. Luego, exhalan dióxido de carbono, o CO_2. Las plantas absorben CO_2 del aire. Lo utilizan en un proceso llamado *fotosíntesis*. Luego, vuelven a liberar oxígeno al aire. Las personas y los animales inhalan el oxígeno que las plantas liberan. Y así sucesivamente.

El oxígeno también se encuentra en el agua. Las criaturas que viven en el agua toman oxígeno y exhalan CO_2, al igual que nosotros. El fitoplancton toma CO_2 y libera oxígeno. Y el ciclo se repite.

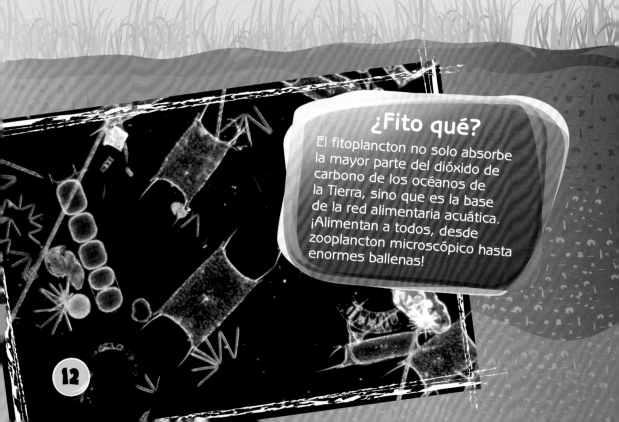

¿Fito qué?

El fitoplancton no solo absorbe la mayor parte del dióxido de carbono de los océanos de la Tierra, sino que es la base de la red alimentaria acuática. ¡Alimentan a todos, desde zooplancton microscópico hasta enormes ballenas!

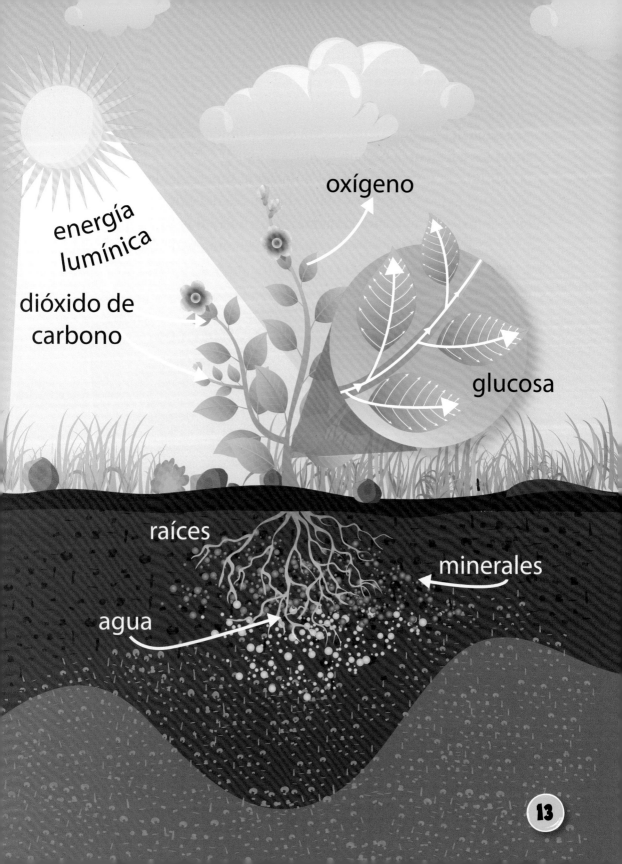

energía lumínica

dióxido de carbono

oxígeno

glucosa

raíces

minerales

agua

13

Corrientes oceánicas y del viento

El agua del océano siempre está en movimiento. Muchas cosas afectan las **corrientes** oceánicas, tales como el viento, la temperatura y la **salinidad**. Los rayos del sol golpean la superficie del océano y calientan el agua. El agua es más cálida cerca del ecuador porque recibe la luz solar más directamente. Las **moléculas** cálidas del agua se esparcen. Cuando las moléculas se esparcen, no pueden retener tanta sal. Por lo tanto, el agua cálida es más liviana y se mueve más rápido que el agua fría.

Corrientes onduladas

Las corrientes superficiales en el hemisferio norte se ondulan en un sentido: hacia la derecha. Las corrientes en el hemisferio sur se ondulan en el otro sentido: hacia la izquierda. La rotación de la Tierra es la que cambia el sentido de las corrientes.

Océano Ártico

Ecuador

Ecuador

Océano Pacífico

Océano Atlántico

Océano Índico

Océano Antártico

- - - → Corriente neutra

→ Corriente fría

→ Corriente cálida

La temperatura también afecta las corrientes oceánicas. Los vientos soplan porque la superficie de la Tierra no se calienta de manera uniforme. Los vientos mueven la superficie de los océanos. Estas corrientes fuerzan al agua cálida a moverse hacia los polos.

La temperatura del agua cambia lentamente de cálida a fría. Como el agua fría es más densa, o más comprimida, se hunde. Las corrientes profundas llevan el agua fría de los polos nuevamente hacia el ecuador. ¡Esto puede tardar miles de años! Entonces, el agua se eleva para reemplazar el agua fría que fue arrastrada por las corrientes. Y el ciclo oceánico continúa.

Verano continuo

La Corriente del Golfo es una corriente superficial que traslada agua cálida hacia el norte. La corriente se extiende desde Florida hasta Europa. ¡La Corriente del Golfo tiene la temperatura de un baño cálido!

Corriente del Golfo

El ciclo de los elementos

Los ciclos que ocurren en la Tierra son esenciales. Las estaciones y los ciclos del agua, de las rocas, del oxígeno, del viento y los oceánicos afectan la Tierra y los seres humanos de maneras cruciales. Pero existen otros ciclos que ocurren a nuestro alrededor diariamente y son igual de importantes.

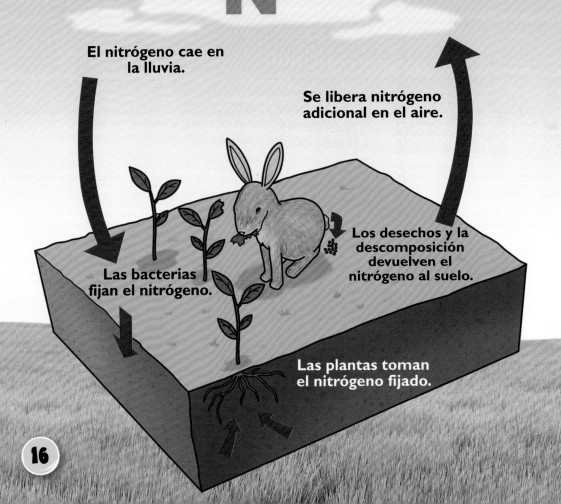

El nitrógeno cae en la lluvia.

Se libera nitrógeno adicional en el aire.

Los desechos y la descomposición devuelven el nitrógeno al suelo.

Las bacterias fijan el nitrógeno.

Las plantas toman el nitrógeno fijado.

Las bacterias fijadoras de nitrógeno también digieren el nitrógeno que las plantas liberan cuando mueren.

Nitrógeno

Respira hondo. Cuando inspiras aire, inhalas oxígeno. Pero el oxígeno es solo una parte del aire. Principalmente inhalas nitrógeno. El nitrógeno es un gas que está a nuestro alrededor. El cuerpo necesita nitrógeno para crecer. Pero este nitrógeno es demasiado puro para que el cuerpo lo use. El nitrógeno que el cuerpo realmente necesita proviene de los alimentos.

Cuando llueve, el nitrógeno del aire cae a la tierra. Pero la mayoría de los seres vivos no pueden usar el nitrógeno que proviene del cielo. Solamente algunos tipos de bacterias microscópicas usan nitrógeno puro. Los científicos las denominan *bacterias fijadoras del nitrógeno*. Estas descomponen el nitrógeno para que las plantas puedan usarlo. Las plantas toman el nitrógeno fijado a través del suelo. Los animales y las personas comen plantas. Comen otros animales que han consumido plantas también. El nitrógeno en estas plantas y animales facilita el crecimiento de los animales y las personas.

Finalmente, los animales mueren y se descomponen. Luego, el nitrógeno vuelve al suelo. También vuelve al suelo a través de los desechos. Y el ciclo del nitrógeno vuelve a comenzar.

bacterias fijadoras de nitrógeno

Carbono

Mira a tu alrededor. ¡El carbono está en todas partes! Puedes encontrarlo en el aire, las rocas, los océanos y en todos los seres vivos. El carbono es el bloque de construcción de la vida y se combina fácilmente con otros elementos. Por ejemplo, el carbono se combina con el oxígeno en el aire, lo que genera dióxido de carbono (CO_2). El carbono se mueve y siempre se intercambia. Este proceso se llama el *ciclo del carbono*.

El carbono se almacena en muchos lugares. Los océanos almacenan la mayor parte del carbono. Toman grandes cantidades de dióxido de carbono del aire. Incluso las caracolas de mar en el océano se componen de carbonato de calcio, un compuesto del carbono. Cuando los peces y los animales marinos mueren, caen al suelo oceánico. Sus restos se convierten en sedimentos. Estos sedimentos almacenan carbono. La tierra almacena el carbono que se encuentra en las plantas muertas. Con el tiempo, el carbono se libera en el suelo. Después de millones de años, los animales muertos se convierten en **combustibles fósiles.** Estos combustibles fósiles almacenan el carbono que queda de los animales en descomposición. El gas, el petróleo y el carbón son combustibles fósiles.

plantas y animales fosilizados

Material milagroso

El grafeno es una lámina de carbono en la cual los átomos se organizan en un patrón hexagonal. No solo es ultraliviano y flexible, sino que también es el material más resistente que se conoce. Incluso conduce la electricidad mejor que el cobre.

El carbono recibe su nombre de la palabra en latín *carbo*, que significa "carbón".

dióxido de carbono

absorbido por las plantas

Hay muchos lugares donde se almacena el carbono. ¿Pero cómo llega al aire en primer lugar? Los árboles almacenan carbono durante muchos años. El carbono se libera en el aire cuando los árboles se talan y se queman. Las erupciones volcánicas también producen grandes cantidades de gases, incluido CO_2. Este gas se libera hasta en las erupciones submarinas.

Como las plantas almacenan carbono, los seres humanos y los animales que comen plantas consumen carbono. Exhalamos CO_2 en el aire. Las plantas también liberan CO_2 en el aire. Para que se produzca la fotosíntesis, se necesita la luz solar. Durante la noche, cuando no hay luz solar, las plantas liberan CO_2 nuevamente al aire.

El carbono se mueve constantemente alrededor de la Tierra. Y como en todos los ciclos, es necesario que haya un equilibrio. Las plantas y los océanos mantienen este equilibrio. Cuando las personas queman combustibles fósiles, se libera CO_2 en el aire. En lugar de liberar calor, el CO_2 absorbe y conserva el calor. Por lo tanto, se absorbe más calor que el que se libera. El **calentamiento global**, el aumento gradual de la temperatura promedio de la Tierra, es un proceso natural. Pero un aumento de CO_2 en la atmósfera crea un desequilibrio en el ciclo del carbono. El calentamiento global entonces ocurre mucho más rápido.

SOL

PARED DE GASES Y VAPOR DE AGUA
el calor queda atrapado

incendios forestales, volcanes y gases producidos por el hombre

El carbono puede tomar muchas formas, desde un diamante duro hasta algo tan suave como el grafito, o mina, en un lápiz.

Un volcán entra en erupción en la isla de Java en Indonesia, liberando ceniza y dióxido de carbono en la atmósfera.

Mantener el equilibrio

¿Has notado que en los días nublados el aire se siente más fresco? ¿O que la temperatura baja cuando el cielo de la noche está despejado? Todo esto ocurre a causa del intercambio de energía de la Tierra.

La energía impulsa todos los ciclos de la Tierra. Y casi toda la energía de la Tierra proviene del Sol. La luz solar hace que la Tierra se caliente. El aire absorbe parte de este calor antes de que llegue a la tierra. El aire se hace más cálido. La tierra y los océanos absorben parte del calor. La tierra y los océanos se hacen más cálidos. Las plantas absorben la energía del sol y la usan para la fotosíntesis. Los animales de sangre fría absorben los rayos de sol para mantenerse calientes.

Pero no toda esta energía se absorbe. Aproximadamente el 30 por ciento de la energía del sol se refleja nuevamente en la atmósfera. Por ejemplo, la nieve en la región ártica refleja los rayos solares. Algunos tipos de nubes actúan como una sombrilla. Evitan que el calor del sol llegue a la tierra, y esta se mantiene más fría. Otros tipos de nubes atrapan el calor para que no pueda dejar la atmósfera.

Tokio, Japón

Isla urbana de calor

Las ciudades muy pobladas con muchos edificios y pavimento tienden a tener temperaturas más elevadas que las áreas abiertas con lagos y arroyos. A estas islas de calor urbanas les faltan árboles y agua que tengan un efecto enfriador en las áreas circundantes.

Mano a mano

La Tierra recibe casi toda su energía del Sol. La superficie de la Tierra absorbe el 50 por ciento de esta energía. Aproximadamente el 30 por ciento se refleja nuevamente en la atmósfera. Las nubes y la atmósfera absorben el 20 por ciento de esta energía. Sin este equilibrio constante de flujo de energía, todos los otros ciclos en la Tierra también se desequilibrarían.

100 %
de la energía
del Sol

20 % absorbido por
la atmósfera

30 % reflejado
en la atmósfera

50 %
absorbido por la Tierra

La Tierra absorbe parte de la energía del sol. Y la Tierra refleja parte de la energía en el espacio. Estas dos cosas deben estar en equilibrio. Si se absorbe demasiada energía, la Tierra se calentará demasiado. Si se refleja demasiada energía, la Tierra se enfriará demasiado. El equilibrio de la energía de la Tierra es clave para todos los seres vivos.

Pero el equilibrio de la energía en la Tierra está cambiando. Este cambio se ve acelerado por la actividad de las personas. Incluso actividades como la agricultura afectan el equilibrio de los sistemas y los ciclos de la Tierra.

Aproximadamente el tres por ciento del peso corporal de cada persona es nitrógeno.

Los granjeros quieren que sus cultivos crezcan, por lo que algunos de ellos eligen agregarle nitrógeno a la tierra. Como resultado, los cultivos crecen grandes y fuertes. Pero este nitrógeno puede fluir a los arroyos, ríos y océanos. Puede hacer que el fitoplancton crezca demasiado rápido. Esto finalmente disminuye la cantidad de oxígeno que hay en el agua. Las criaturas marinas necesitan oxígeno para vivir. Por lo tanto, un cambio en el ciclo del nitrógeno afecta el ciclo del oxígeno.

Un agricultor de arroz usa fertilizante a base de nitrógeno en su campo.

glóbulos rojos

Ciclos de las células

¡El cuerpo también tiene muchos ciclos! Los glóbulos rojos son reemplazados aproximadamente cada cuatro meses. Las células de la piel son reemplazadas cada dos a tres semanas. Las células del cerebro pueden durar toda la vida. ¡Es un equilibrio delicado que hace que tú seas quien eres!

Lo que hacemos afecta los ciclos de nuestro planeta. Y lo que sucede en esos ciclos afecta nuestra vida. Necesitamos alimento, tierra, agua y mucho más para sobrevivir en la Tierra. A veces, estas exigencias causan cambios en los ciclos de la Tierra. Y cuando un ciclo cambia, puede afectar a otro.

La Tierra proporciona todo lo que necesitamos para vivir. Desde el aire que respiramos hasta los alimentos que comemos, la Tierra y sus ciclos satisfacen nuestras necesidades.

Los ciclos mantienen la Tierra en movimiento. Un ciclo interactúa con otro. Estos ciclos dependen de un equilibrio de energía. Al aprender sobre estos ciclos, podemos aprender cómo funciona la Tierra. Y podemos hacer lo que nos corresponda para ayudar a la Tierra a mantener su equilibrio.

Piensa como un científico

¿Cómo afecta la temperatura a las corrientes de agua?
¡Experimenta y averígualo!

Qué conseguir

- 2 tazas de papel
- agua a temperatura ambiente
- agua caliente
- agua helada
- colorante para alimentos (rojo y azul)
- molde transparente grande
- palillo

Qué hacer

1 Llena el molde con agua a temperatura ambiente. Luego, llena una taza de papel con agua caliente y la otra con agua helada.

2 Coloca unas pocas gotas de colorante para alimentos rojo en el agua caliente y unas pocas gotas de colorante para alimentos azul en el agua fría.

3 Coloca una de las tazas a un lado del molde. Coloca la otra taza al otro lado del molde.

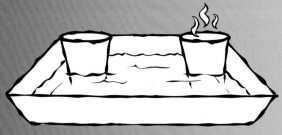

4 Usa el palillo para realizar un orificio cerca de la parte inferior de cada taza, para que el agua coloreada pueda caer en el molde. Observa y registra el movimiento del agua fría y del agua caliente. ¿Qué patrones observas?

Glosario

atmósfera: la masa de aire que rodea la Tierra

biósfera: la parte de la Tierra en la que puede existir vida

calentamiento global: el aumento reciente en la temperatura mundial, que se cree que se produce a causa de un aumento de determinados gases en la atmósfera

combustibles fósiles: combustibles que se forman en la tierra a partir de plantas o animales muertos

combustión: una reacción química que ocurre cuando el oxígeno se combina con otras sustancias para producir calor y, por lo general, luz

condensa: cambia la forma de gaseosa a líquida

corrientes: movimientos continuos de agua o aire en la misma dirección

ecuador: un círculo imaginario alrededor del medio de la Tierra

erosión: el movimiento de rocas desgastadas y sedimento

geósfera: las rocas y el suelo que componen la capa exterior de la Tierra

hidrósfera: toda el agua de la atmósfera y de la superficie de la Tierra

moléculas: la cantidad más pequeña posible de una sustancia determinada que tiene todas las características de esa sustancia

placas tectónicas: piezas gigantes de corteza terrestre que se mueven

salinidad: la concentración de sal que se disuelve en el agua

traslación: el movimiento alrededor de algo en una trayectoria circular

Índice

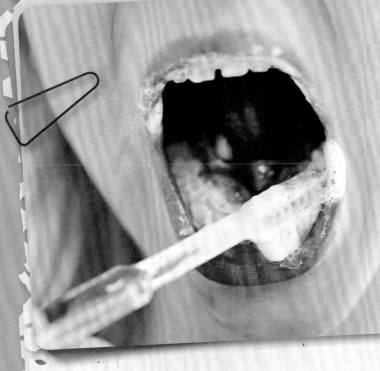

Ciclos cotidianos

Observa los ciclos que ocurren en la vida cotidiana. ¿Son cosas que haces una y otra vez? ¿Qué ciclos mantienen el cuerpo y la mente sanos? Compara y contrasta estos ciclos cotidianos con los ciclos de la Tierra.